먼 훗날을 보는 마음

먼 훗날을 보는 마음

이원문 지음

책나무

| 차례 |

제2부

제3부

제4부

제1부

교육

맡겼으면

맡겨야 한다

믿었으면

믿어야 한다

다시 보는 이름들

조용히 걷는 냇가
저 많은 이름들
풀 꽃 나무
옛날에는 다 알고
그냥 지나쳤는데
지금은 몇 가지뿐
기억에 희미하다
식물 책에 있건 없건
옛날부터 어른들이
붙여 놓은 이름인데
귀찮아했던 여뀌 풀부터
추억에 뽑아 먹던
삐레기 시형 풀
그리고 찔레 순
피리 불던 버드나무
나무도 그 이상
풀과 함께 가물대고
꽃 이름도 한두 가지
다 잃어버렸다
물고기의 이름도
고무신에 넣었던 것밖에
그 이상 모두

추억에 묻혀 간다

찔레꽃의 미련

석양의 뻐꾹새

네 꽃잎에 바람 부나

아카시아 꽃 떨어지는 날

너의 꽃 떨어질까

그날 다시 찾으련다

교문의 그늘

가난이 죄가 된 죄

교문의 그늘은

언제나 쓸쓸했다

뻐꾹새의 일기

앞산 기슭 뻐꾹새

저 뻐꾹새 울음에

누구의 슬픔이 담겨있나

외로움에 멀고

서러움에 가깝다

짧은 그날

구름이 머물러주는
마지막 만남
잃어버릴 그날은
알고 있는지

목소리 하나에
처음이 되는 마음
남긴 기억 그 하나
사랑해 사랑해

저 하늘에 띄우는
눈물 섞인 한마디
나 이제 그리고
그리고……

고향의 새

그날을 누가 알까
그리움으로 남기보다
서러움으로 남아야 했던 날
고향의 새 울음 아직도 들려온다

봄날 뒷동산에 소쩍새 울음
처녀 총각 기다림에 눈시울이 뜨거웠고
새끼 기르는 제비 한 쌍 누가 부러웠을까
초여름날 꾀꼬리 빨래터 바라볼 때
친구의 어머니 넋이 나가지 않았었나

며칠 후 뜸북새 따오기 숨어 울 때
엄마 잃은 그 아이 얼마나 울었고
기다림에 지쳐 밭둑에서 잠든 아이
지금도 그 아이 울고 있지 않는지

가을날 찬 서리에 산 넘는 기러기
누구의 울음이 저리 높고 낮을까
까마귀 짖음에 한 맺힌 한 세월
손꼽는 할머니의 눈에 눈물이 흐른다

눈 쌓인 겨울밤 고목의 부엉이

밤새워 우는 부엉이 문풍지만 울렸나
찾는 이 없는 미루나무의 까치 울음
지나간 한 세월 얼룩져 간다

노을의 고향

쓸쓸한 저녁 바람
오월의 그믐인가
미루나무 높이
노을 져 가고

저무는 논둑에
하루를 잃은 마음
아버지 삽 씻고
담배 한 대 피우신다

장미꽃

담 넘어온 너의 넝쿨
네 빨간 꽃 피우지 마라
봉오리 그대로 펴지 마라

살짝이 그대로
이슬은 앉혀도
네 꽃잎 펴지 마라

내 다음 지나는 날
다시 올려 볼 것이니
앉힌 이슬 그대로 피우지 마라

깨어진 세월

거칠은 세상살이
그 세월의 매질을
어떻게 다 말로 할까
모두 모아 강물에 띄우고
조각난 이 마음 허공에 뿌린다

굽은 길에 그 많은 언덕
고향에서 타향의 길로
입 하나에 매달려 바꿔도 보고
방초 꽃 밟히듯
밟혀도 보았다

보릿고개 넘을 무렵
허기에 울던 새
오월 그믐의 보리 이삭 보았는지
돌아보면 아직도 그곳이 놓여 있고
아무는 상처에 아카시아 꽃 떨어진다

어루만져주는 먼 뻐꾹새 울음인가
하늘 높이 흰 구름 흩어지니
마음은 숨어 우는 뜸북새가 달래줄까
바람 한차례에 떨어지는 찔레꽃

깨어진 긴긴 세월 찔레꽃에 잠든다

가난한 연꽃

건너 마을 암자에 저무는 저녁
기운 해에 기둥도 함께 기울고
썩어든 석가래에 노래기 떨어진다

뒷산 기슭 찰흙 떠다 부처님 만들던 날
부처님 바라보며 저녁 얻어먹었고
밤새워 촛불 밝혀 연꽃잎도 만들었다

그때에는 몰랐다 지금도 모른다
깨달음은 경험에서 오는 것이 아닐까
점 하나 밟고 본 것으로 오는 것이 아니고

깨달았다는 세상 사람들은 무엇을 보고 깨달았나
감은 눈에 바늘로 내 살 한 번 찔러 보았나
다 흑과 백의 장난이고 연꽃잎 주름에 들어 있다

늙은 종이

머리에 앉은 서리 녹지 않는 세월
이 서리 앉히려 여기까지 왔나
주우려는 종이 한 장 엎드리니 도망가고
쌓인 곳 찾아가니 청소해라 쫓는다

이것은 못 줍고 저것은 빼앗기고
쓰레기 더미 뒤지니 흩트린다 야단한다
얼마를 어디서 어떻게 줍나

손 놓은 구르마 유모차는 안 힘든가
빈 몸뚱이도 힘든 몸 산목숨 못 끊고
하루살이 종이 주워 몇 푼 모으니
월말에 쓸 돈이 모자란다 구박한다
한숨의 세월 도시의 늙은 종이
먹을 것 줄여도 모아지지 않고
골목길에 앉은 몸만 춥고 덥다

연등

하늘을 보아라

무엇이 잡히고 담을 것이 있는가

땅을 보아라

흙으로 아니 돌아갈 것이 있는가

물을 보아라

씻어도 그 물은 다시 맑을 것이니

그리고 자신을 보아라

내 몸 어디인가 추함이 끼어 있을 것이니

노을의 정

저 먼 노을이
마지막이었나
어리는 옛 모습
그날처럼 떠오른다

다 잊고 잃었던 날
그 남은 정 하나에
매달린 기억
부르는 듯 바라보면

아무도 없고
처음의 마지막이
숨어 숨어 짓는 미소
그날만 하나 둘 접혀 간다

삶의 길

바다에서 육지로
두고 가는 바닷가
읍내에 들어서니
산골길이 보이고
도락구 덜컹 덜컹
굽은 길에 빠지는 길
짐칸에 끼어보는
이 길이 끝인가
눈 안에 멀어지는
고향 길 서운했다
삶의 길은 알 수 없는 것
이것이 흔히 말하는
운명의 길이라 했나
바다의 하늘이
어떻게 보였나
이곳의 하늘은
좁다라니 높았고
산 넘는 구름마다
이어가고 이어간다
철 따라 바뀌는
이곳의 산과 들
피고 지는 꽃에

움에서 낙엽까지
쌓인 눈에 바람 부니
더 외롭지 않은가
그러다 봄이 오면
또 그렇게 이어가고
삶은 그렇게 주름을 그었다

뻐꾹새의 밤

타고 났다는 팔자에
가야 할 운명의 길
가야 할 그 먼 길에
웃음만 있겠는가
가다보면 궂은날에
저물기도 하고
저물어도 가야 하는
그 먼 운명의 길
일 년의 중심에
울어대는 뻐꾹새
유월의 뻐꾹새는
그 먼 길을 알고 있나
가까이 아니 먼 울음은
무엇을 의미했고
평생을 살아도
제 집 한 번 못 짓고
새끼도 속여 길러야 하는
그 팔자에 서러웠나
인생도 뻐꾹새와
무엇이 다를까
팔자가 그렇다면
그렇게 살아야 하는 것인지

아침 울음에 하늘 올려보고
점심 울음에 호미자루 놓치던 날
뻐꾹새의 저녁 울음에
이 인생도 그렇게 저물어 갔다

법당 옆 연못

몸 안의 것 못 보고

보이는 살 씻은 몸

비춰진 거울에

무엇이 보이던가

나서며 두른 옷

추워서만 둘렀나

옷으로 못 가린 속

무엇으로 가릴까

나 하나의 세상

하루해 넘기며
몇 년을 걸어왔나
다닌 곳 없으니
본 것도 많지 않고
그나마 들은 것도
흘리고 잃었다
남은 몇 개의
눈 안의 것 들은 소리
그것도 이제 버려야 하는
때맞춤인가
마음부터 눈 씻더니
귀 닫는다 앉힌다
욕심으로 보면
아직 먼 세상
무엇을 더 보고
얼마를 더 들을까
쉬었다 가자 하니
걸리는 것 많고
내딛어 딛은 발
쉬었다 가자 한다

친구의 일기

친구야
냇둑 길 오르며 뽑던 삐레기
나 이제 하나 남았어
너 주려고 주머니에 남겨 놓았지
줍던 다슬기는 떠나버리고

빈껍데기 옆에 놀던
팔 톨의 새끼도 안 보여
어디 갔나봐
늘 보았던 아카시아 찔레꽃 잎도
보리밭으로 날리고

그러구(그리고) 보리밭 양지는 누런데
음지는 아직 퍼렇게 그대로였지
옆 감자밭 하얀 감자 꽃 예쁘게 피었고
나 그 감자밭 보고 무슨 생각했는 줄 알아
그때처럼 그렇게 너는 알고 있지

친구야 어디서 무엇하고 있는지
그 후 너의 소식이 없구나
뻐꾹새는 오늘도 먼 울음인데
친구야 그 냇둑 다시 오르자

저 노을 질 때까지 기다리고 있을게

기다린 사랑

덧없는 세월
가슴으로 흐르고
남몰래 흘린 눈물
입술에 닿는다

사랑도 아니고
미움도 아닌 시간
그리움으로 남아
멀어져야 하나

바닷바람 그 강바람
꽃잎으로 불어와
저 하늘 기다림
꽃잎 되어 날린다

제2부

욕심의 꿈

높은들 무엇하고
낮은들 무엇하나
많은들 내 것인가
적은들 네 것인가

거둬드는 하루에
말려드는 우리 인생
짊어진 무거운 짐
언제 다 내려야 하나

네 것도 내 것도
세월의 것이요
높고 낮은 허물도
세월의 것이다

고향의 유월

언덕배기의 봄꽃
언제 다 지고 말았나
푸서리 속 저 꽃들은
여름 꽃이겠지

모르는 이름의 크고 작은 꽃들
저 꽃의 이름이 다 무엇일까
평생을 보았어도 모르는 이름들

마지막 모내기로 맞이하는 유월
이제 부채 들고 문 열어야 하는 것인지
보리타작 끝으로 텃밭에 감자 캐고
수수 모 옮겨 심고 찬물 뜨러 가야 하나

저녁노을

찾아볼수록 아름다웠다

다 들어있었고

날마다 찾아도

다 그려주었다

담배 이야기

그때를 아십니까
그 시절을 아십니까
역사를 돌이켜 보자 하기보다
그 역사의 아픔을 어루만져주자는 것입니다
담배 담배가 그렇게 나쁜 것만은 아닙니다
쓰임 용도는 정확히 알 수는 없어도
역사에 이로운 약으로도 쓰였습니다
지혜로운 우리 조상들이 현대 양약이 나오기 전
의약품 의약 부외품으로 사용하였습니다
쉽게 이야기 하면 천식에 가래도 삭히고
정신 신경계에도 피우는 담배로 안정을 시켰습니다
횟배앓이 살충제로도 사용해왔고요
담배를 피웠다 하여 일찍 사망한 것도 아닙니다
짧은 옛 수명에도 80세~90세 화롯불에 곰방대 대어 불붙이며
오래 살았습니다 다만 많이 피우면 해롭다는 것이지요
더 나가 여기서 이야기하고자 하는 것은
해롭다 하여 그렇게 야단법석
아이 어른 할 것 없이 척하며 그 시대의 웃어른들을 무시한다는 것입니다
물론 지킬 질서는 지켜야 한다 하지만
그렇게 방정을 떨어야 한단 말입니까
얻으려는 사람에게 담뱃불까지 붙여 주면서요

담배의 역사를 얼마나 알고 있는지요
가슴 아픈 이야기에 놀라지 마십시요
우리나라 사람 특성이 노동을 해도 쉴 참을 안 준다는 것이지요
그래서 담배를 피우는 핑계로 쉴 참을 얻은 것이고
그것이 전래가 되어 담배 피우며 쉬어 왔지요
바로 담배 참이라는 말입니다
한 번 피우면 끊기 또한 어렵고요
기계 없이 알몸으로 뼈 녹이며 일해왔던 시절
얼마나 힘들었겠어요 다 알고 있잖아요
몸은 술로 중독시켜가며 일해왔고요
그 덕에 물려받은 조상의 유산 그리고 부모의 유산
받은 재산이 없다 해도 길러준 은공
우리 지금 어떻게 살고 있습니까

유월의 향기

오월의 나뭇가지
푸른 숲으로 우거지고
날아들어 숨은 철새
둥지 틀어 새끼 친다

오월이 거두는 꽃바람인가
뽕밭에 들리는 뻐꾹새 울음
빨래터의 꾀꼬리 꿩 우는 소리
갖가지 새소리 귓전에 스쳐 간다

앞산의 푸른 숲 들녘의 초여름
뽕밭 오디 울 밑 앵두 언제 익을까
맺혀진 산딸기 뜸북새 기다리고
날아들 뜸북새 산딸기 기다린다

보내는 오월

처음은 꽃으로
끝은 숲으로
지는 봄꽃
펴는 잎새
오월은 그렇게
여름을 부른다

보릿고개 넘어
두드린 여름 문턱
뻐꾹새 울더니
뜸북새 울고
참외밭 원두막
어서 오라 부른다

구름의 뽕밭

북망산천이 멀다더니
문밖이 북망산천인가
꽃가마에 실려 간 님
언제 돌아오려나

설한에 실려가
소식이 없는 님
등에 업힌 아이는
알고 있는지

업을 띠 졸라매니
뜨거워 칭얼대나
초여름 뽕밭의 볕
땀으로 적셔놓고

칭얼대다 지친 아이
늘어져 잠이 든다
초여름 뽕밭의 꿈
무엇이 꿈인가

홀로의 몸 뽕잎에 담은 꿈
자루에 채워보니

누에의 것이었고
나의 꿈은 어디에 있단 말인가

저물녘 석양에
뻐꾹새 울음
저 먼 산 뻐꾹새가
나의 꿈 집어갔나

감꽃의 일기

달래 쫑 뽑아

떨어진 꽃 끼우면

예쁘게 한 꾸러미

아직도 부끄럽다

장미의 바다

장미꽃 하염없이
밤이슬 못 내리고
멀어진 날 더 멀리
노을에 잠든다

꼬리별 흐르는
마지막 밤이었나
우리 사랑 파도에
휩쓸려가던 날

서로 마주 보아도
다가서지 못하고
모습도 눈물도
밤바람에 빼앗겼다

유월의 열매

아침저녁 밤꽃 향기
언제 멎을까

벚나무의 벚은
한낮에 따먹는데

뽕나무 밭 오디는
낮 서리에 맛이 있고

울 밑 앵두는
밤 서리에 맛이 있다

유월의 하늘

그날의 구름은

38선을 넘는데

형제의 우리는

어찌 오고 가지

못한단 말입니까

북의 형제여

남의 형제여

이제 상처 아물리고

통일의 길로 나갑시다

우리 땅 독도

힘 모아 지킵시다

유월 육일

광복 70주년
그동안 뭘 했나

갈라진 남과 북
영원해야 하나

남과 북 우리 형제
어떻게 하고 있습니까

남과 북 우리 형제
어떻게 살고 있습니까

남과 북 우리 형제
어떻게 살아갈 것입니까

이제 그 총 거두소서
그만 거두소서

일본이 잡는 발목
잡히면 다 죽습니다

문틈

꽃잎에 바람 불어
낙화에 세월 가니
덧없어라 가는 세월
산꼭대기 구름 간다

풀잎새 시간 저어
무엇을 주워 담나
가냘픈 새소리
종이 마음 찢는다

하루해 떨어져
조각난 시간들
어둠으로 가리면
부는 바람 아니 불까

유월 마당

파란 들 점심나절
배고픔에 서럽고
산기슭의 뻐꾹새
뜸북이 울음에 외롭다

무럭무럭 자라나는
툇마루 밖 옥수수 잎
비벼지는 그 소리
무엇을 가르쳤나

할머니 손 기다리는
허기의 뽀얀 감자
마당 끝 화둑 솥에
언제 들어가려나

6.25

국가유공자　이 원 문

대물림의 반세기

그 아픈 상처 아물리는 날

통일은 한걸음 더

우리 앞에 다가온다

동포여 형제여

이제 그만 다 내려놓읍시다

다 잊고 다시 뭉쳐

독도를 지킵시다

현충일의 편지

아들아 에미가 찾아왔다
이 작은 비석이 너였니
네 생일 날짜도 아닌
이 번호는 너의 군대 간 번호이고
잘 먹여 키우지도 못한 너
머슴 몇 년에 갔다준 쌀
아직 항아리에 남아 있어
너 군대 갈 무렵이라도
잘 먹여 보냈어야 할 것인데
할아버지 큰일에 못 먹여 보낸 것이
한이 되는구나 에미가 잘못했어
너 군대 간다고 가던 날
너의 얼굴을 제대로 못 본 것도 그렇고
가던 뒷길만 바라보았지
이때나 저 때나 가진 것이 뭐 있었니
에미 먼저 간 네 동생 하나 바라보고
너 떠난 길 딛으며 살았어
혹시 소식이나 전해 들을까 하고
그 세월을 어떻게 다 말로 하랴
피난길에 내려갔다 올라와보니
빈집에 아무도 없고 그 무렵 집 나간
너의 아버지도 지금까지 소식이 없구나

다 그 세월에 실려 보낸 날
너 기다리며 보던 길도 흐려져 지팡이 놓치고
기다리던 너의 아버지 모습도 잃었어
내년 이맘때 너 찾아 다시 올지
몸이 말을 안 듣고 자꾸 아프구나
너를 가슴에 묻고 갈 날이 다가왔나 봐
이제 앉아 뭉쳐 끄는 몸
저 앞산 뻐꾹새 우는 날 네 옆에 묻히고 싶구나

반세기의 슬픔

국가 유공자 이 원 문

그날이 무뎌졌습니다

그날을 잊었습니다

겪어보지 않아도

아파야 할 민족의 슬픔

게양하는 국기에

무엇이 담겨 있습니까

게양하는 국기도

한 집 건너 두 집 건너

그 표정에 담긴 마음

다시 한 번 읽어봅니다

고향의 밤

저 외딴집 호롱불

언제 꺼질까

청개구리 이쪽저쪽

장단 맞춰 울고

휘영청 보름달

논 개구리 짝 찾는다

노동의 노을

시원한 저녁 바람
마음 씻어 내리고
하루의 고된 삶
어둠이 재운다

자유가 있어도
자유가 없는 시간
하루 한 번 갇히길
몸뚱이만 힘들었나

삶이 가둬놓은
시간의 창살 안
내일의 꿈 오늘을
저녁노을에 얹는다

흙 한 줌

엄마
할미 X 쌌어
그러구 이상한 소리만 해
싫어 나 할미 싫어
냄새나 싫단 말야
다른 곳에 가서 살라 해

저 산꼭대기 흰 구름
어디로 흘러가나
노핼미가 잘못했다
거칠고 가시 많은 세상
이제 고목이 되는구나
애들아 나 여기에 누가 데려왔니

제3부

독도의 생일

어찌 된 일인가
2014 .12 .04
일본 왕이 조선 땅을 밟고
남한의 서울 그랜드 하야트 집에서
생일잔치를 몰래 해먹고 갔다

이날 참석자가
대한민국의 누구였건
낮은 사람들은 아닌데
독도는 서울을 바라보며
흐느껴 울고 또 울었다

사랑의 고향

노을에 어린 사랑
처음이었나
마음은 가까운데
옛날은 더 멀고
추억 따라 찾은 모습
그날을 띄운다

찾아간 곳마다
예쁘게 피었던 꽃
그 예쁜 꽃 아직
그 모습일련지
꽃잎에 바람 불어
눈 못 떼고 보던 날

둘만의 이야기
무어라 했지
아직 잊지 않았겠지
먼 사랑에게 묻는
추억의 속삭임
살짝 부끄러워 눈을 감는다

마음의 옷

옷은 많은데
입을 옷 없고
입어도 세월이
못 입게 한다

마음이 골라준 옷
어느 옷을 입을까
입어보면 아니고
세월이 벗긴다

모양에 색깔도
모두 나의 것인데
신발까지 골라주며
못 나서게 한다

편지의 고향

먼먼 그날을 찾아
대문 틈에 끼어 있는
편지 한 통 뜯어본다
들녘 일 마치고 집에 돌아오면
문간의 검둥개 반가워 기어오르고
사람은 한 통의 편지가 반가워
그 편지 들고 이웃으로 뛰었다

번지 없는 편지 한 통
리 언덕 위 큰 나무집
아니면 찬 우물 옆 맨 앞에 집
딸의 편지 기다리는 어머니의 마음
뭔 이야기를 썼나 귀 기울여 듣던 시절
이웃 사정 함께 알아 같이 아파했고
부끄러운 사랑의 편지도 어머니 때문에 소문났다

편지의 노을

침으로 붙여 떨어질까
밥풀로 붙인 우표
그날따라 손 떨림에
잘 붙여졌는지
밖 우체통에 넣었는데
지금도 소식 없다

그렇게 정성껏
찢어가며 쓴 편지
받는 사람 마음 읽어
밤새워 쓴 편지
받았나 못 받았나
추억에 노을 진다

고향의 가뭄

뜨거운 도시 생활
농촌도 가물고
타들어 가는 논과 밭
논과 밭만 타겠는가
유월 가뭄에 망치는 농촌
다랭이 논 저수지 논
거북이 등 되어 가고
벼 잎새 벌겋게
하늘만 바라본다
그나마 저수지 논은
참을 수 있었는데
끝내는 다 함께
물이 없어 타들어 간다
다랭이 논에 앉아
바라보는 논과 밭
이웃 물고 터 써도
이웃도 물이 없다
때맞춤에 자라날
논과 밭의 곡식들
타래박질로 밤새워도
웅덩이만 비워질 뿐
첫서리 절기에

모두 들어 타고 있다
긴 한숨의 들녘
쌀 항아리의 슬픔
쌀 한 됫박 한 줌의 쌀
무엇으로 건져야 하나
어느새 가뭄의 들녘
흰 눈이 쌓여간다

문바람

추워 닫았던 문

열어보니 시원하다

유월 지나 칠월이면

작년 부채 쥐어야 하나

낙숫물에 녹는 마음

문바람에 실려 가고

뜨락의 봉숭아

늙은 손톱 바라본다

그 새

보고 싶고 듣고 싶은
고향의 새소리
나는 고향 찾아
그때를 그리는데

듣고 싶은 그 새소리
소식이 없다
친구 따라 한 번쯤
찾아오련만

계절이 불러도
대답이 없다
보리밭 위 종달새
육칠월의 뜸북새

잃은 고향 못 찾았나
왔다 없어 떠났나
종다리 뜸북새
고향이 부른다

봉숭아의 노을

봉숭아 채송화 꽃
뜨락에 피는 고향
마루 끝 먼 외로움
바람에 남실댄다

누구의 이름이
저 꽃의 이름일까
누구의 그리움이
저 꽃의 모습일까

여름날 먼 기다림
꽃잎에 잠들고
외로움 그리움
개미 따라나선다

남편의 짐

집으로 일터로
밤과 낮에 실린 몸
몇 번 본 시계로
한 달이 되었나

밤과 낮이 바뀌어도
내일이 없고
달력을 찢어도
미래가 안 보인다

열두 장 달력에
꿈 모은 희망
달력 안 그 세월은
무엇을 남겼나

뽕나무의 노을

산 너머 메아리의 뻐꾹새 울음
저 밤꽃 떨어지면 멎어질래나
저녁 해 내려 앉아 뽕나무에 걸치고
산자락 그림자 저녁 바람 몰고 온다

이 뽕잎 이고 가면 더 저물을 것인데
아이들 밥솥에 불은 집혔는지
내일 한 번 더 오면 누에섶에 올리는 날
머리에 인 저녁 뽕잎 노을에 물든다

노을의 바다

버리면 쓸어가고

잊으면 떠올리고

파도는 그렇게

조금씩 지워갔다

이작도의 밤

검옷 검옷

어둠의 섬

등대불 멀어지고

들려오는 파도 소리

옛날 같았다

파도의 약속

남겨도 잃어야 할
혼자만의 흔적인가
바람에 씻는 마음
파도에 휩쓸리고
쌓았던 모래성
그날을 찾는다

이제 이 자리를
다시 찾을지
갈매기 부끄러워
뒤돌아 눈 감고
해당화 꽃 열매에
옛날을 묻는다

결혼

사랑 안에 넣어야 할
이 세상의 모든 것
결혼 그다음에
무엇이 놓여 있나

있어도 없어도
괴로워도 슬퍼도
그 하나 행복 믿고
처음처럼 아껴야 한다

이제 가야 할
한 몸의 머나먼 길
그 노을이 흘린 눈물
잊어서는 안된다

고향의 밤

누워보던 하늘의 별
쏟아지는 저 별들이
누구의 별이었지
줄 긋는 유성
서쪽으로 넘어가고
마른번개 저 멀리
내 별자리 잃는다

저렇게 빠를 수가
라디오 전설의 고향
유성 하나 또 부르고
모깃불 쑥 향기 아직도 풍긴다
그 유성만큼이나 빠른 시간인가
모였던 동무들 다 어디 갔나
그 세월 유성처럼 추억에 머문다

맹꽁이의 일기

궂은비 부슬부슬
낙숫물 내리고
추녀 끝 그 시간
풀잎에 젖어든다
낙수처럼 그날들이
짧은 시간이었나
추녀 끝 빗방울
눈속임하고
숨어 우는 맹꽁이
그 세월 읽는다
앞 논에 맹꽁이
떨어지는 낙숫물
누구의 세월이
저리 짧게 서러울까
문밖 풀잎새
바람에 흔들린다

파란 마음

한줄기 소나기에
씻겨진 세상
파란 들 파란 하늘
하늘 높이 제비 날고
들녘의 벼 잎새
바람에 나부낀다

무럭무럭 옥수수 잎
사그락 노래 소리
둘 셋 모인 아이 뒤
검둥개 뒤따르고
들녘으로 뛰는 아이
검둥개 앞서 뛴다

빈대떡

국밥 집 궂은 비
세월에 젖어들고
막걸리 한 병
빈대떡 기다린다

여보게 애아범
이리 오게나
따르는 아주머니의
술 한 잔 받아들고

단숨에 마신 술에
또 한 잔 받아드니
보슬비 부슬부슬
술잔으로 내린다

과꽃의 뜰

뜨락에 홀로 피어
누구를 기다리나
봉숭아의 기다림은
아직 먼 곳에 있는데

돌 틈의 작은 꽃
봉숭아 꽃 기다리나
심은 것도 아닌데
저렇게 예쁠 수가

이슬 내린 다음날
양지에 볕 들면
봉숭아 꽃 기다림이
함께 찾아주려나

제4부

흙 결혼

넘어와도
우리의 땅이고
넘어가도
우리의 땅인데

형제는 알면서
왜 못 오고
못 가는가

끊어진 철길
이으면 되고
손에 든 총
내리면 되는데

(민족이여 이제 그만 미운 일본 다시 보자)

감자의 노을

누룽지 한 줌 쥐고
댑싸리 쓸어안고 보던
마당 끝 멀리 서쪽의 노을
홀로 보던 그 노을이
그리움에 떠오른다

찐 감자 손에 들고
댑싸리 밑에 숨던 기억
누가 찾지 않아도
숨어 먹던 찐 감자
떨어뜨려 털어 먹고
검둥개 한 입 주고

곱디 고운 댑싸리
쓸어안고 보던 노을
무엇을 그리며 그 노을을 보았는지
쥔 누룽지 털던 감자
검둥개 그 노을 다시 보러 가자 한다

6.25의 언덕

어쩌다 힘들면 오르는 산
그 옛날 죽음 아니면
누가 이 산을 넘으려 했을까
내려 보이는 저 산과 들이
전투의 격전지였나
전해 들은 이야기로
이 언덕도 그렇다 하는데

쓸쓸히 부는 바람
이 산 언덕 잠재우고
먼 뻐꾹새 울음 산새 소리
그날을 읽어주는 듯
이 언덕이 그 영혼들이 피 흘린 자리인가
상상의 총소리 아직 멎지 않고
피어난 꽃 한 송이 저 격전지 바라본다

어머니의 눈물

저녁 밥상 물리고
밖에 나온 어머니
포대기 속 내 동생
어디가 아팠는지
보채고 칭얼대고
업힌 채 울어댄다

자장가에 잠들까
먹을 것에 그칠까
이래도 저러지도
애태우는 어머니
나의 손 꼭 잡으며
노을을 바라본다

여름 하늘

느낌으로 몸으로
눈 안까지 더운 여름
볼 것 많아 올려보면
그늘이 찾아지고

천둥 번개 몇 번에
소나기 지나가면
저물녘 동쪽 하늘
뭉게구름 꿈 띄운다

한차례의 바람에
떨어지는 저녁 해
저 붉은 노을은
누구의 그림인가

지워진 밤하늘
은하수 길 놓이고
쏟아지는 별 모으니
추억에 담긴다

가지와 오이

가지는 매끈한데
오이는 까칠하다
반찬으로 보면
다 맛있는데
반찬 가짓수로는
오이가 더 많다

뜨거운 물 거쳐야
반찬이 되는 가지
찬 소금물 거쳐야
반찬이 되는 오이
누가 어느 반찬이
안 맛있다 할까

홀로 모은 별

모으는 수많은 별
저 많은 별들이
누구의 별이었나
모은 별 간데없고
낯선 별만 반짝인다

잃었어도 찾으면
찾아야 하는 별
잊은 얼굴 떠오르면
잃은 별 찾으려나

별자리 그대로
옛날 같은데
모으는 별 잊은 얼굴
구름이 가린다

노을빛

고된 삶 내려놓고
노을을 바라보노라면
멀리 가까이
옛 생각에 젖어들고
여러 갈래 걸어온 길
되돌아보아 진다

이리 보면 이런 생각
저리 보면 저런 생각
삶을 찾아 걸어온 길
얼마나 힘들었나
또 가야 하는 길
노을빛에 젖어든다

고향 저녁

텃밭 참외 얼마나 익었나

우물 둥치 두레박에 참외 담아 내리고

수박 한 통은 어떻게 할까

문간의 할머니 감자 껍질 벗기신다

부엌의 어머니 무엇을 준비하는지

애호박채를 썰어 밀가루 반죽하고

솥뚜껑 닦아 기름칠하신다

화둑에 땔 장작은 누가 준비해야 하나

지붕 넘어 뭉게구름 기와집 짓고

마루 끝 미운 누나 봉숭아 물 들인다

기억의 꽃

무너진 뜰 귀퉁이 작은 꽃밭
낙수에 무너져
기울던 돌 뒹구르고
만들지 않았어도
꽃밭이 되었나

그 자리의 돌 주워
정성스레 쌓은 꽃밭
어느 꽃밭이 이만이나 할까
옆 채송화 옮겨 심고
봉숭아 과꽃 앞에 심고

그 다음은 담으로
나팔꽃을 올렸다
이 꽃 모두를 누가 좋아했었나
가냘피 접히는 바람의 나팔꽃
언저리의 메꽃 나팔꽃 바라본다

고향 이름

음지 많은 타향살이
찾는 양지 언제 올까
길 많아 물어야 하고
딛은 이 길도
나의 길이 아니다
후회 섞인 서러움에
떠돌며 살아온 삶
돌아본 세월보다
앞날이 더 길을까

낯선 사람 좁은 삶
기댈 곳 없이 몇 년인가
남은 시간 바라보며
이 삶 저 삶 찾는 양지
찾다 못 찾으면
고향으로 가야 하나
칡넝쿨 거둬 메고
억새 밭 길 지나고 싶어라
노을 진 억새 밭 어릴 때 건넌 길을……

여름의 낭만

처마 밑 그림자
시간 덮어 내리고
마루 끝 그리움
지붕을 넘는다
저 한 조각 흰 구름
어디로 흘러가나
뜸북새 울음 고요히
옥수수 재운다

흙 끼얹는 저 암탉이
무엇을 알겠나
혀 내민 문간의 개
그 또한 무엇을 알고
부는 바람 살랑살랑
봉숭아 잎 흔드니
바람 찬 어미 제비
제 둥지로 날아든다

처음의 바다

설레임에 떨리는 손
갈매기가 엿보던 날
짓궂은 파도에
살짝이 발 적셨지

적셔진 발자욱에
숨어버린 소라의 꿈
아직도 찾아줄까
기다리고 있는지

가자 하던 저 먼 섬은
누구의 것이었나
밀려온 파도
그곳에 가자 한다

늙은 하루

젊어서 넘긴 하루
예쁘게 길었는데
늙음의 하루는
보기 싫게 짧구나

해 떨어져 밤이 오면
어떻게 하나
문풍지의 한겨울은
긴긴밤이 무섭고

이 여름은 안 그런가
모기 쫓다 밤새울 것이고
겨울날 소나무 바람
남은 살 도리겠지

말벗할 사람이 누구요
늙으면 이런 건가
적삼에 땀 마르는 날
이 눈도 감겨 질 것인데

앞개울 봄버들아
네 색도 바랬구나

이 늙은 몸 봉숭아에
그 세월 실리련다

미운 시간

미워한 세월은
용서하겠는데
끌고 다닌 시간은
용서 못 하겠어요

그래도 세월은
밤낮을 가리고
허기에 밥 주니
잠을 잘 수 있었는데

괴롭히는 시간은
지금도 안 재워요
허기에 밥 달라 하니
댓가를 바라고요

지친 몸에 잠깐의 꿈
기와집 짓고
바구미 쌀 펴 널으니
이것이 꿈인가요

됫박 쌀에 매달려
시간에 끌리는 삶

세월은 등불 끄고
그만 자라 하네요

섬 그늘

먼 저 섬은

그리움의 섬이었고

이곳은 나 태어난

어머니의 섬이었다

슬픈 여름

높은가 싶어 미루나무 올려보니
한 조각 흰 구름 꼭대기에 걸치고
저 말매미 귀 찢는 소리
듣는 귀만 찢겠는가

벗어 던진 베적삼
땀 없이 덥구나
이 적삼만큼이나 주름잡힌 몸
뭐 더울 게 있어 이렇게 더운가

문 열어젖히니 샛바람 들어오고
바랭이 풀 옥수수 잎 가는 세월 젓는구나
아침나절 앉힌 이슬 언제 떨어졌나
날마다 앉혀도 머물지 못하니

이 매미 소리 멎으면 찬바람 불겠지
그러면 또 한 세월이 이 손가락 구부리고
세월 거둔 소쩍새 저 앞산 뻐꾸기 마지막 뜸북이 기러기 부르겠지
입맛 없는 낮 단몽에 꽃가마 쫓는구나

저무는 노을

얇아진 종이 마음
발 딛기가 힘들구나
그래도 못 내린 짐
무엇이 들어 있나

내 것이 아님을
내 것처럼 걸어온 길
저무는 인생에
노을이 지는구나

원망에 한을 담아
탓으로 돌려온 길
눈은 웃었어도
가슴으로 울고

길지도 않은 날이
몇 굽이로 끌어댔나
눈 안의 것 지우며
다 내려놓으리라

수수깡의 노을

뒤곁 옥수수 밭

수수깡 꺾어 먹고

며칠 후 보름 달밤

수수 밭에 깜부기 따먹었다

시인

이 손을 빌어

세상이 써놓은 글

갈 길 먼 이 몸

나그네로 읊었다

눈 안에 들어온 것

이것이 다 무엇인가

내가 본 것이 아니라

석양이 보았다

고향 그림

보리밭 보리 나부끼는 고향의 봄
어느 하늘이 고향 하늘만이나 할까
울 밑 개나리 살구꽃 복숭아꽃
냇둑 길 건너 가냘픈 찔레꽃
흐르는 맑은 물에 송사리 떼 즐겁고
제비꽃 하나에 모르는 꽃 이름들
미나리 돋아나면 누가 먼저 찾았나

냇가 한곳 자갈밭 위 높이 떠 우는 종달새
앞산 꾀꼬리 추녀 밑 제비 식구
달밤에 개구리 비오는 날에 맹꽁이
뻐꾹새 우는 산 숨어 우는 뜸북새의 들
이 모두 인생을 가르친 고향의 소리가 아니었나

여름날 원두막 길고 짧은 매미의 울음
마당 멍석 밤하늘에 은하수 길 북두칠성
가을날 그렇게 황금 들녘의 참새 떼
벼 잎새에 돌아 숨는 수줍은 메뚜기
부엉이 우는 밤 이웃 가는 눈밭 길 그 흔적 지워졌나
추녀 끝 고드름 문풍지 울음에 더 슬피 울며 떨어진다

이 도서의 국립중앙도서관 출판예정도서목록(CIP)은 서지정보유통지원시스템
홈페이지(http://seoji.nl.go.kr)와 국가자료공동목록시스템(http://www.nl.go.kr/kolisnet)에서
이용하실 수 있습니다. (CIP제어번호 : CIP2017005737)

먼 훗날을 보는 마음

초판 1쇄 발행 2017년 3월 27일

지은이 이원문 **펴낸이** 임정일
책임 임병천 **편집** 김지해, 김수경 **디자인** 이동헌

펴낸곳 책나무출판사
출판신고 2004년 4월 22일(제318-00034)

주소 서울시 영등포구 신길3동 325-70 3F
전화 02-338-1228 **팩스** 0505-866-8254
홈페이지 www.booktree.info

ISBN 978-89-6339-520-3 03810